Miriam Elze

Väterchen Timofej
Eine Annäherung

Buchendorfer Verlag München

Väterchen Timofej. Der erste und älteste **Hippie**. Der **Methusalem** vom Oberwiesenfeld. Der **Eremit** mitten in der Millionenstadt. Der schlitzohrige Mönch. Der Erbauer einer **russischen Siedlung** mitten in München. Der Prediger für den **Frieden zwischen Ost und West.** Der Schöpfer eines **paradiesischen Gartens**.

Wer war Väterchen Timofej?
Seit ich als Zwanzigjährige Väterchen Timofej zum ersten Mal begegnet bin, bin ich fasziniert von diesem Mann, der aus Russland nach Bayern kam. Einer, der sich nichts sagen ließ. Einer, der seinen Weg ging. Einer, der sich nicht unterkriegen ließ. Nicht vom Alter, nicht von der Bürokratie, nicht von der Macht des Staates. Einer, der sich seine eigene Kirche baute. Einer, der sich selbst zum Priester ernannte. Einer, der sich als Einsiedler bezeichnete und dennoch im Herzen einer Großstadt lebte. Ein Eremit, der verheiratet war. Öfter sogar. Einer, der alle mit ausgebreiteten Armen empfing. Die Gartentür stand offen. Jeden Tag waren Besucher willkommen.

Wer war dieser Timofej? Wie all die anderen Besucher und Bewunderer war ich oft bei ihm. So oft bin ich mit einem kräftigen Händedruck herzlichst von ihm begrüßt worden. So oft hat er mich mit seinem einzigen Zahn angelächelt. So oft hat er mich mit einem Schmunzeln ins Ohrläppchen gekniffen. Erzählt hat er nichts von sich.

Erzählen ließ er andere. Widersprüchlich sind die Geschichten, die sich um ihn ranken. Verworren und unglaubwürdig klingt einiges, was mir manch älterer Besucher in seinem Garten erzählte. Und doch hört man einiges immer wieder – stimmt dieses Märchen am Ende doch?

Miriam Elze, August 2004

Kinderschreck, Hippie, Olympiasieger

Kennen und fürchten gelernt haben wir den unheimlichen Bärtigen als Kinderschreck – es war eine Mutprobe, nach der Fahrt mit dem Tretroller
ins Oberwiesenfeld am Zaun seinen Namen zu rufen oder gar über den Zaun zu klettern.
Unserem Grundschulrektor diente der Russe, der sich eigenmächtig ein Stück bayerischen Bodens unter den Nagel gerissen hatt, als drohendes Beispiel dafür, wie wir alle einmal enteignet werden, »wenn der Russe kommt«. Unser »Fräulein« hingegen, das uns im Heimat- und Sachkundeunterricht eine Exkursion in das mit Silberpapier ausgeschlagene Kirchlein ermöglichte, sah in ihm ein Beispiel anrührender Gottesfürchtigkeit, weil er in dieser kalten Zeit, in der jeder nur an sich denkt, erst einmal dem Herrgott ein Haus errichtet hat.

Als während unserer Gymnasialzeit plötzlich die Gammler Mode wurden, die den lieben langen Tag nur ungepflegt herumlungerten, verstand es sich von selbst, dass Väterchen, der gesetzlose Eremit, als Ur-Gammler zu verehren war. Und als nach dem Musical Hair plötzlich alle Blumenkinder des Friedens sein wollten, galt Väterchen natürlich als Ober-Hippie: Ein Gärtner der Liebe, der auf dem Trümmerfeld einer selbstmörderischen Zivilisation, mitten im Ziegelstaub der Ruinenlandschaft einen blühenden Paradiesgarten hatte entstehen lassen und dort seine Natascha liebte.

Selbst norddeutsche Illustrierte feierten 1972 Väterchen Timofej als »Münchens ersten Olympiasieger«, weil er es doch tatsächlich geschafft hatte, die Olympiaplaner zu zwingen, die Reitanlagen anderswo zu situieren, weil er auf keinen Fall den Planierraupen weichen würde. Niemand hat einen rechtswidrigen Zustand so lange vor den eingriffsfreudigen Behörden des Freistaates Bayern bewahrt wie Väterchen – und damit wurde er auch noch zur Kultfigur der sonst so erfolglosen Hausbesetzerszene.

Münchens Oberbürgermeister Christian Ude in der tz vom 15.7.2004

Sein Garten

»Kommt Besuch, Gott sei Dank!
Kommt kein Besuch, Gott sei Dank!«

Väterchen Timofej, Frühjahr 1999

Das Auf und Ab seines bewegten Lebens kennen die Leser der Boulevardpresse besser als Timofej selbst. Eintritt ins Kloster, Flucht während der russischen Revolution, Heirat, drei Kinder. Nach manchen Irrwegen schließlich Einzug in die erste Hütte am Oberwiesenfeld.

SZ, 20.1.1984 Karin Friedrich

Eine Art Wallfahrtsort hat Timofej mit seiner 1977 verstorbenen Frau Natascha geschaffen. In den Wirren der Nachkriegszeit gelangten die beiden nach langer Wanderschaft von Russland über Österreich nach München. Anfangs schliefen sie unter einer Isarbrücke. Im Traum erschien Timofej dann die Heilige Maria und befahl ihm, eine Kirche im Norden Münchens zu bauen.

Aus dem Bombenschutt errichteten Timofej und Natascha ein russisches Dörfchen.

Den Anfang machte die kleine Kapelle. Es folgten eine schmuckvolle Basilika, zwei Wohnhäuschen, ein Geräteschuppen, ein Bienenhaus, ein Gemüsegarten und viele Obstbäume.

Abendzeitung, 22.1.2002 Barbara Sorg

Das ungleiche Paar hat sich laut Timofej 1943 im österreichischen Neukirchen in der Straßenbahn kennengelernt (zwar gibt es in Österreich sechs Neukirchens, aber in keinem eine Straßenbahn).

SZ, 29.5.1971 Marina Handloser

Im Laufe der Jahre haben Besucher aus aller Welt mehr als ein Dutzend Gästebücher gefüllt.

Wir, von Polen, wünschen alles Gute
Herrn Timofej ~~xxx~~! Es soll bis
100 Jahre leben! von

2.5.02

Guten Tag, ich finde es sehr toll das Sie ihr HAUS
AUS dem MÜLL von dem OLYmpiaberg gebaut haben. Gute besserung
von Tom

12.05.02

Wir finden das Haus sehr faszinierend, wir
wünschen uns, dass sie noch sehr lange
leben werden. Meine kleine Schwester hat
sie euer auch schon besucht!

von
Savali und Bettina und Anja + Dirk!

4.04.02

Danke, daß wir deinen schönen Frühlingsgarten besuchen durften.

Charis —

Montessori-Kindergarten

Спасибо." З р
С дружескими пожела[...]
мама Марина и

Liber Tjmofej
hin?
Louis

MICHELLE, STEPHANIE,

от Данил.

29 ноября 2002

griekst du das

23.11.2002

Timofejs Betschwester wurde Bett-Schwester
Es ist also doch wahr geworden: »Väterchen« Timofej (»In Rußland habe ich 1000 Kinder«) erhob im stolzen Alter von 80 Jahren Betschwesterchen Natascha (76) auch zur Bettschwester. Gestern Morgen um neun Uhr gab der Eremit und Mönch von eigenen Gnaden seiner Einsiedeleigefährtin im Standesamt an der Nymphenburger Straße das Ja-Wort.

tz, 27.2.1973 Wolfgang Schneider

Ja, und dann hamse geheiratet, die Natascha und der Timo. Nach 26 Jahren wilder Ehe. 1973 war das damals. Ja, im Standesamt hamse geheiratet. Die Natascha, die hat er ja in Österreich kennengelernt. Eigentlich war sie ja schon verheiratet mit einem Russen. Den hat sie hier zufällig wiedergetroffen. Der war hier nebenan, in der Kaserne, da war er Koch. Aber der hatte ja längst auch schon was anderes laufen. Und der Timo, ja mei, der hatte ja auch Familie daheim – na, aber dann hamse halt das Zeug da von der Marienerscheinung erzählt. Die Natascha hat das so gesagt. Mei, die hat gelogen, das geht auf keine Kuhhaut. Was die alles so erzählt hat! Mal hat sie behauptet, ihr Mann in Russland, der sei ganz was Feines gewesen, so ein Generalsekretär oder so. Und jemand anderem hat sie verzählt, sie sei Nonne gewesen. Ja, die hatte's faustdick hinter den Ohren. Und fleißig ist sie gewesen! All die Teppiche, die sie gestrickt hat! Und als sie noch da war, der Garten, ein einziges Blumenmeer!
Ein Blumenmeer – man glaubt es nicht!

Eine alte Münchnerin erzählt; erlauscht im April 2003

»Mach ein Grab, wenn ich gestorben bin,
tu mich rein,« habe Natascha ihn gebeten.
»Staat will nicht. Muß auf Westfriedhof.
Hab doch gemacht Grab für Nataschale.«

SZ, 20.1.1984 Karin Friedrich

Seine Kirche

»In einer Feuersäule von der Erde bis zum Himmel erschien die Muttergottes, die Himmlische Königin, versperrte mir den Weg und sagte:
Timofej, es gibt für dich keinen Weg nach Hause. Geh in den Westen und baue dort eine Kirche für den Frieden in West und Ost.«

Väterchen Timofej, Bericht in der SZ vom 15.7.2004

4.6.1997

Liebes Väterchen Timofey!

In jener Zeit, als Du hier Deine Idylle hier zu bauen anfingst hab ich auch am Schuttberg einem Freund Deine Säuberen geholfen. Ich denke oft an jene Zeit zurück. Damals warst Du mir noch unbekannt, aber heute denke ich mit Bewunderung an diese phantasiereiche Leistung, dir hier gelungen ist. Gott erhalte Dich!

Emil Tomasch

Inzwischen ist ja auch die Ost-West-Aussöhnung erfolgt, für die Timofej gelebt und gebetet hat. »No, siehst Du«, grummelt er, »Gorbatschow ist gekommen, Maria hat mein Beten erhört.«

SZ, 22.1.1993 Michaela Fritsch

Daß alle eins seien
[Joh. 17, 21]

Δά ΕϛΔϛΤΖ
DaBalle

...вси єдино
...ins [eien
[Joh. 17. 21.]

2.2.03

liebes Väterchen Timofej,

alles Gute und viel Gesundheit
wünscht Dir Deine Ricarda, die
diese herrliche Oase hier besucht,
seit sie ein Kind ist.
  Danke für diesen
  schönen Ort!

hoffentlich hilft uns diese
<u>Ost-West-Friedenskirche</u>
den drohenden Krieg USA-Irak
zu verhindern!

Beten wir alle für den Frieden
02. Februar 2003
  Oris
HELENA

21.09.1997

MitOst - Verein für
austausch mit mitt
Ländern. Süddeutsch

20.- 27.09.1997

Es grüßen ganz herzlic
für den Besuch hier -
6 Slowaken und 3

ltur- u. Sprach-
und osteuropäische...
udreise vom

und danken
Tschechen / 9 Ungarn /
len und Markus.

»Ganze Welt nix gut.
Was willst du machen?
Satan ist frei.
Leute viel suchen,
aber nix tun gegen Satan.«

Väterchen Timofej, Bericht in der SZ vom 20.1.1984

Für die Behörde ist er eine »Displaced person« aus den noch immer nicht vergessenen Lagern vor und nach Hitlers Ende, ein Mann mit dubioser Vergangenheit, ein absolut Ungeweihter dazu, ein Ärgernis, ein, wenn es hochkommt, »religiöser Selfmademan«. So nannte ihn bitter die Diözesan-Verwaltung der orthodoxen Kirche in Deutschland. Sie wies Bayerns Regierung darauf hin, daß dies weder ein orthodoxer Geistlicher noch ein Mönch sei.
»Das wird schon durch sein jahrzehntelanges unmönchisches Zusammenleben mit … der sogenannten Schwester Natalie ausgeschlossen.«

Der Spiegel, 14.4.1969 Peter Brügge

Popart nach Popen-Art
Allerlei zwiebelige Kuppeln aus Blechresten krönen seine Stätte der Andacht, in der ein Himmel aus Staniol silbrigen Glorienschein verbreitet. Religiöser Kitsch der Gründerjahre überkrustet Boden und Wände: Wachsblumen, Christbaumkugeln, gestickte Haussegen und die süßen Devotionalien aus dem Sperrmüll einer nihilistischen Gesellschaft, die Timofej auf einem umgebauten Kinderwagen so reichlich einholt, daß es ihm am anderen Ende seines Geländes bereits für ein zweites Heiligtum reichte.

Der Spiegel, 14.4.1969 Peter Brügge

»Ich bete jeden Tag.«
Immer vormittags um 11 Uhr hält er in seiner Kapelle mit den kleinen hellgrünen Zwiebeltürmchen aus Holz einen Gottesdienst für sich allein, manchmal auch für seine Besucher.

Münchner Merkur, 23.1.2001 Wibke Baltes

Gott segne sie Väterchen Timofej

Dein Karsten

Gott segne Väterchen Timofey

Sarah

Väterchen Timofej

»Als Schulbub habe ich ihn gefürchtet. Er war
für uns nur der ›Russe‹ mit dem schwarzen Bart,
der Kinder verwünscht.«

Münchens Oberbürgermeister Christian Ude, Bericht im Münchner Merkur vom 23.1.2001

Münchens erster Olympiasieger

Auf Grund »eines Fingerzeiges Gottes« besetzte der armenische Eremit Timofej Prochorow Anfang der 50er Jahre 3500 Quadratmeter auf dem ehemaligen Militärflugplatz Oberwiesenfeld, auf dem späteren Olympiagelände. Timofej trotzt fortan erfolgreich sämtlichen Vertreibungsversuchen – sogar den Olympiabauern. Finanzbeamte, die wegen unrechtmäßiger Nutzung des Staatsgrundes 20 000 Mark von ihm einforderten, hatten ebenso wenig Glück, ihn zu vertreiben, wie 1962 ein Räumungsbefehl. Als die Olympiabagger ihn Ende der 60er Jahre vertreiben wollten, retteten ihn die Münchner. Sie setzten sich dafür ein, daß ihr Väterchen bleiben durfte.

Münchner Merkur, 24.8.2002 Stephanie Holzmeier

Nie ist es der Stadt gelungen, den Schwarzbau wegzu-
räumen. Selbst den Olympischen Spielen widerstand
Timofej. Stadion-Architekt Günter Behnisch besuchte
ihn damals, fragte: »Hast Du Wodka im Haus?«
Timofej hatte.

Am Ende der Verhandlungen war Behnisch
überzeugt: Timofej muß bleiben, wo er ist.

Bild, 21.1.2003

»Im Sommer liegt Timofej mitten im Garten auf der alten Couch. Er streckt die Hände mit Futter aus, und die Vögel umschwirren ihn wie den alten Franz von Assisi.«

Janosch, »Profile zeitgenössischer Bilderbuchmacher« von Horst Künnemann, 1972

»Nix müde. Aber faul.«

Väterchen Timofej, Sommer 2001

Als Verwaltungschef konnte ich Jahrzehnte später Einblick in behördliche Unterlagen nehmen und feststellen, dass sogar die Steuerfahndung hinter ihm her war. Weil er nach der Blumenverkaufsorgie während der Spiele sogar seinen Söhnen Alexander und Wladimir in Nowosibirsk und Kawropolskiy schöne Autos aus dem Westen zukommen ließ. Sein Einwand, das Geld sei in Jahrzehnten durch ebenso wohltätige wie steuerfreie Spenden zusammengekommen, war freilich nicht zu widerlegen.

Münchens Oberbürgermeister Christian Ude in der tz vom 15.7.2004

»Väterchen Timofej hat München bereichert –
mit dem liebenswertesten Schwarzbau, den wir
in der Stadt haben.«

Münchens Oberbürgermeister Christian Ude, Bericht in der Abendzeitung vom 22.1.2003

Irgendwann fand Timofejs Geburtstag sogar den Weg in den Terminkalender des Münchner Oberbürgermeisters. Der kam fortan alljährlich zum Gratulieren in den Schwarzbau – und hörte sich ein ums andere Mal das einzige Stück an, das Timofej spielen konnte – zunächst auf einem alten Harmonium, später auf einer elektronischen Orgel: Das katholische Kirchenlied »Maria zu lieben ist allzeit mein Sinn«.

Münchner Merkur, 22.1.2003 Jörn Poltz

Herlichen Glück w
 Geburts
Emily Borche
 Stefan

Ob's mit dem Alter wirklich seine Richtigkeit hat, das ist so eine Sache. Zumindest gibt seine vergilbte Geburtsurkunde aus dem russischen Bahajewskaja das Jahr 1894 an.

Abendzeitung, 22.1.2002 Barbara Sorg

Glückliches Paar beim Standesamt

„2000jähriger" Timofej heiratete die 76 Jahre junge Natascha

Geboren am 22. Januar 1894 im russischen Bahajewskaja – so steht es in seinem blauen Ausweis
für Staatenlose, den ihm die Bundesrepublik vor
Jahren ausgestellt hat. Ob das wirklich stimmt,
weiß niemand. Timofej hat auch schon behauptet,
vor 2000 Jahren in Jerusalem geboren zu sein.
Fest steht aber, daß er in Russland eine über
70 Jahre alte Tochter und mehrere Ur-Urenkel hat.

Münchner Merkur, 22.1.2003 Jörn Poltz

Lieb

es ist ein Wunder
du sooo lange erhalt
geblieben bist. Und
ist schön wenn du wei

Desirée De Mat

Timofej,

as

lebst.

Sylvin Ernot,.

Hey man du bist fei ganz schön cool!

Timofey ich grüße dich aus Heidelberg Junge u. Familie. Wir sind 5 Leute und alle zusammen nicht so alt wie du. Glückwunsch!!

»Nur wer nicht zufrieden ist, muß sterben.«

Väterchen Timofej, Bericht in der Abendzeitung vom 22.1.2002

Lieber Timofey
Ich hoffe das
den ich glaube
alter sehr viel

Lieber Timofey.
Scheißen sie auf
Domenic Hermann
Es selber sollte
verrecken. Sie es nicht
haben es nicht
verdient zu
sterben

bald stirbst,
man in deinem
olet!

menic

Hermann!
12.7.89

ou Kolleg Serolo

»Auf Erden habe ich alles erlebt.
Jetzt geht's in eine andere Welt.«

Väterchen Timofej, Bericht in der Abendzeitung vom 19.11.2001

alles Gute fü[r]

Gute Besserung – k[omm]
einmal zurück!
Sonst: alles, alles Gute fü[r]
3.4.02

Sie

wertla

nin See noch

en Heimweg.

Egal, was wirklich war – schön und fabelhaft sind diese Erzählungen allemal, und der eigentümliche Nebel, der über der ersten Lebenshälfte des Timofej Wasiljewitsch Prochorow liegt, verleiht seiner Gestalt etwas magisch Diffuses. Vielleicht ist ja die Wahrheit öde und bar jeden Zaubers. Nicht immer schreibt das Leben die besten Geschichten. Nun also ist er tot. Gestorben in der Nacht zum gestrigen Mittwoch im Altersheim, wo er seine letzten Jahre verbracht hat, fern von seiner russischen Enklave auf dem Olympiagelände.

Zuletzt machte der Körper nicht mehr mit. Altenheim, Krankenhaus, Dahinsiechen am Tropf. Vorbei jetzt.

SZ, 15.7.2004 Wolfgang Görl

Nun wollen ihn seine Freunde würdig bestatten. Auf wenig, aber erstmals legalem städtischen Grund im Westfriedhof.

Bild, 15.7.2004

lieber Timofey

Ich wünsche ihnen alles Gute, werden sie noch 150 Jahre alt. Vielleicht komme ich sie im Jahre 2050 besuchen. Oder wir sehen uns im Himmel. Sie wissen nicht wie ich aussehe und wer ich bin, doch ich bin mir sicher, das ich sie erkennen werde.

Alles Liebe,

Ihre Dajana

Vielleicht erzählt man sich bald wieder eine letzte, fantastische Geschichte. Etwa so: Manchmal, wenn man lange genug auf der Bank vor diesem Haus sitzt, eingelullt vom Summen der Bienen und einer ins Kraut schießenden Natur … manchmal also erscheint da ein Mann mit Rauschebart und weißem Haar und setzt sich dazu.
»Gestatten, Timofej Wasiljewitsch Prochorow.«

SZ, 15.7.2004 Wolfgang Görl

Miriam Elze, geboren 1971 in München, studierte nach einer Ausbildung zur Verlagsbuchhändlerin Illustration in Hamburg und Glasgow.
Sie arbeitet als Künstlerin und Illustratorin in der Ateliergemeinschaft Amaldi in Hamburg.

**Das Buch ist meinen Eltern gewidmet!
Vielen herzlichen Dank an Axel, der mich erstmals an Väterchen Timofejs Gartenpforte geführt hat.**

Miriam Elze

©Buchendorfer Verlag München 2004
Lioba Betten
Alle Rechte vorbehalten
Grafische Gestaltung: Miriam Elze, Hamburg
Druck und Bindung: Jos. C. Huber, Garching
ISBN 3-934036-96-1